Akasha

L'ORACLE
DES MÉMOIRES
AKASHIQUES

Illustrations : © Carla Cartagena.
Création maquette et mise en pages :
Bénédicte Souffrant – PCA-CMB.

ISBN : 978-2-36188-707-0

www.editions-tredaniel.com
info@guytredaniel.fr
www.facebook.com/tredanieleso
@tredaniel_eso

Emily Nicolle
Illustré par Carla Cartagena

Akasha

L'ORACLE DES MÉMOIRES AKASHIQUES

ÉDITIONS
EXERGUE
27, rue des Grands-Augustins
75006 Paris

SOMMAIRE

LA SIGNIFICATION DES LAMES

INTRODUCTION

Imaginez un espace où le savoir est omniprésent. Un champ énergétique où circule tout ce qui existe et tout ce qui existera : animaux, végétaux, minéraux, sentiments, pensées, inventions…

Ce champ contient la genèse du monde, et celle de tous les mondes ; l'histoire des vies, de toutes les vies, de toutes nos vies. Et le plus extraordinaire est que ce champ est là, tout autour de nous, à côté de nous, ici et maintenant, depuis la nuit des temps, veillé par cinq vecteurs appelés « maîtres et enseignants ».

Cet espace est aussi une mémoire, une sorte de bibliothèque universelle qui ne se voit pas, mais qui se sent, se ressent, se capte. C'est un canal, un champ d'ondes et d'informations principalement nommé « annales akashiques » ou « mémoires akashiques ».

Le mot «akasha» provient de la traduction du mot sanskrit signifiant «ciel», «cosmos». Il nous indique que ce champ énergétique et mémoriel est présent tout autour de nous, dans l'éther.

Les annales akashiques ont été, au fil de l'histoire, connues et explorées par de multiples civilisations : on les retrouve, par exemple, dans les Upanishads, ces textes sacrés fondateurs de la philosophie indienne. Les Upanishads constituent la connaissance théorique du Véda, la vérité absolue. Leur période de datation se situe approximativement entre 800 et 500 avant Jésus-Christ.

Selon les époques et les civilisations, les annales akashiques ont pris des noms différents : «référentiel de Thot» dans l'ancienne Égypte, «archives éthériques» dans le bouddhisme tibétain, «livre du souvenir» dans la tradition juive ou encore «livre de la vie» dans la Bible.

Pour l'avoir vu lors de mes multiples voyages dans cette bibliothèque, des peuples bien plus anciens étaient autrefois reliés naturellement à ce canal, je pense ici aux Atlantes.

En ce temps-là, les annales étaient une sorte de connexion collective dans laquelle chacun puisait les ressources nécessaires pour mener à bien sa vie.

Lorsque nous accédons aux annales akashiques, les maîtres et enseignants nous délivrent en effet ce que nous avons besoin de savoir pour évoluer. Ils nous ouvrent « un livre » dont ils nous montrent une page ou plus. Plus tard, ils pourront nous laisser l'accès à d'autres pages, d'autres livres.

Ils déterminent ce à quoi nous pouvons avoir accès et nous l'accueillons.

Si telle est leur volonté, nous pourrons obtenir des réponses à nos questions, apprendre une langue, voir un pays encore jamais visité, explorer un monde inconnu, découvrir une invention, ressentir une émotion, une vie passée et tant d'autres choses...

N'est-ce pas extraordinaire d'avoir accès au savoir le plus puissant qui existe ? Celui de la connaissance universelle, la mémoire de la source.

Force est de constater que l'accès partagé à cette omniscience – qui fait de nous des êtres autonomes, libres et pleinement conscients – représentait et représente sans doute encore une grande menace pour quiconque souhaite diriger ou contrôler une population.

C'est ainsi que cette pratique, pourtant inscrite en chacun d'entre nous et jadis si naturelle, s'est perdue au fil du temps pour être remplacée par des livres, des lois, des directives émanant du savoir et de l'interprétation de l'humain, ou plutôt d'une partie de l'humanité.

On retrouve néanmoins, au cours de l'histoire, d'éminents praticiens akashiques, de Nostradamus à Albert Einstein en passant par Léonard de Vinci. Ces personnalités et bien d'autres ont mentionné dans leurs écrits qu'elles naviguaient allègrement dans ce fameux champ de connaissances. Au regard de cette information, on saisit avec amusement d'où provient leur science !

Pour ma part, c'est en 2020 que j'ai été appelée par les akashas.

Après mon éveil spirituel et une succession d'événements plus extraordinaires les uns que les autres, j'ai entrouvert la porte de cette formidable

« bibliothèque spirituelle » de la connaissance existante et à venir.

Les gardiens akashiques m'ont confié des clés me permettant d'obtenir des informations ***via*** un mode de connexion quelque peu différent de la pratique classique : sans aucun contact préalable avec la personne qui vient me consulter et sans connaître la raison de sa venue, dès lors que je me « connecte » à cet univers merveilleux, vient à moi le film détaillé d'une de ses vies antérieures.

Pendant que je navigue dans cette vie passée, le monde subtil me montre instantanément l'intégralité de la psychologie des personnes qui interagissent dans les scènes que je visualise.

Les Maîtres et Enseignants m'indiquent le parallèle entre cette vie-là et la vie actuelle de la personne qui vient me consulter. Plus précisément, ils portent à ma connaissance des informations importantes sur sa psychologie, les raisons de son incarnation actuelle, ses potentialités à acquérir, ses peurs et ses blocages et parfois même ses problèmes physiques, toujours en résonance avec la vie passée que je canalise.

Je suis alors en mesure de comprendre les enjeux de la vie antérieure qui m'est présentée pour la vie actuelle de la personne : confiance en soi, peur de l'abandon, lâcher-prise, peur du rejet...

Au fil des canalisations, je comprends que notre âme s'incarne pour acquérir des compétences « positives » comme « négatives ». Des « passages obligatoires » qui font partie de notre « karma » sont placés sur notre chemin pour nous permettre de les valider ou non : n'oublions pas que notre libre arbitre prévaut à l'ensemble de nos décisions !

Les potentialités non validées seront rejouées dans une partition ultérieure. Et un cycle d'âme sera complet lorsque l'ensemble des compétences sera acquis.

J'ai créé cet oracle pour vous permettre d'accéder aux annales akashiques, de découvrir vos vies antérieures, vos blocages, votre mission de vie et vos capacités à acquérir, mais aussi pour que vous puissiez travailler sur votre avenir !

COMMENT UTILISER CET ORACLE ?

Les différentes méthodologies de tirage de cartes que je vous propose dans ce guide d'utilisation vous permettent d'obtenir tout aussi bien une réponse rapide, pour des questions simples et ponctuelles, qu'une guidance plus approfondie.

Cet oracle vous offre aussi la possibilité de travailler sur vos vies antérieures et sur votre vie actuelle. Les informations que vous obtiendrez pourront s'inscrire dans le cadre d'un travail de développement personnel ou d'une pratique de divination plus globale sur votre vie et vos mémoires akashiques.

L'oracle peut être utilisé pour vous-même, mais aussi pour réaliser des tirages pour une tierce personne (avec son consentement, bien sûr !).

Grâce aux planches de radiesthésie qui complètent les 48 lames de l'oracle, vous pouvez effectuer un véritable travail de précision, notamment de datation.

Lorsque nous tirons les cartes– pour nous-mêmes ou pour un tiers –, il est nécessaire d'avoir conscience que nous ouvrons une parenthèse de magie.

Dès lors que nous battons les cartes, nous entamons une discussion entre nous (les « incarnés »), les seigneurs akashiques et nos guides. Notre but commun est alors de travailler sur l'avenir de la personne qui sollicite la guidance.

Réaliser une guidance est tout sauf un acte anodin ! Ainsi, je vous invite à ritualiser cet instant.

LE RITUEL

Pourquoi ne pas allumer une bougie, symbole de l'union entre le monde subtil et le nôtre, ou brûler de l'encens pour honorer l'invisible ?

Prenez un temps de respiration pour vous. Invitez l'autre rive à venir vous éclairer en ouvrant quelques pages du livre de votre vie ou de celle de la personne venue consulter.

Au préalable de tout travail que vous réaliserez avec cet oracle, je vous propose de créer un lien, établir une connexion, en lisant trois fois la prière adéquate que j'ai canalisée auprès des Maîtres et Enseignants pour l'utilisation de cet outil.

Vous réciterez cette prière une fois à voix haute et deux fois à voix basse en la lisant en conscience, mais sans jamais l'apprendre par cœur.

Prière dans le cadre d'une lecture pour soi :

« J'invite les Maîtres et Enseignants, seigneurs akashiques, à ouvrir l'espace de mon cœur ; à me donner clairvoyance et objectivité pour réaliser cette lecture d'âme.

J'autorise les Maîtres et Enseignants à s'exprimer au travers de ma voix afin de m'apporter de la lumière sur le chemin de ma réalisation.

Je prête serment d'être un relais bienveillant et respectueux de la bonne restitution des messages qui me sont transmis. »

Prière dans le cadre d'une lecture pour une tierce personne :

« J'invite les Maîtres et Enseignants, seigneurs akashiques, à ouvrir l'espace de mon cœur ; à me donner clairvoyance et objectivité pour réaliser cette lecture d'âme.

J'autorise les Maîtres et Enseignants à s'exprimer au travers de ma voix afin d'apporter à [NOM ET PRÉNOM DE LA PERSONNE] de la lumière sur le chemin de sa réalisation.

Je prête serment d'être un relais bienveillant et respectueux de la bonne restitution des messages qui me sont transmis. »

Lorsque vous aurez terminé votre session de guidance, refermez les portes des akashas avec ces trois mots :

AMEN AMEN AMEN

ÉCLAIRER LE CHEMIN

À mon sens, le but d'une guidance est de vous fournir une grille de lecture de votre vie ou de celle d'un tiers. Une guidance vous permet de travailler sur votre présent : dans le cadre d'un tirage positif, *Akasha, l'oracle des mémoires akashiques* vous apportera les outils pour que vous poursuiviez au mieux ce magnifique chemin que vous êtes en train de dessiner.

Si la projection proposée ne semble pas être à votre avantage, vous aurez les éléments pour inverser la tendance dès à présent.

Car, oui, nous pouvons bouger les lignes de notre avenir !

Si tout était figé et écrit à l'avance, quel serait l'intérêt de se préparer à un avenir sombre ?

Quel serait l'intérêt de savoir à l'avance que nous allons tomber dans un précipice si nous ne pouvons l'éviter ? Le stress du moment tant redouté ne ferait que gâcher le temps qu'il nous reste avant cette chute.

Non, ce n'est pas cette vision des choses que j'ai canalisée auprès des Maîtres et Enseignants !

L'avenir est modulable, du moins en partie.

Nous avons effectivement des passages à traverser que je qualifie de « karmiques » et qui sont écrits à l'avance. Une « période karmique » est une sorte de passage obligatoire défini en partie par nos soins avant notre incarnation. Ces périodes karmiques nous permettent de travailler des points précis, utiles et nécessaires pour l'évolution de notre âme.

Ces passages obligatoires sont mis en lumière dans cet oracle, par la lame du Karma.

Entre deux passages karmiques, il y a ce qu'on appelle le « libre arbitre », qui désigne l'ensemble de nos actes exprimés sans contraintes. Ainsi, chacun peut travailler, moduler, orchestrer ses actes dans un sens ou dans l'autre !

DEVENIR L'ACTEUR DE SA VIE

C'est à ce moment-là qu'une guidance prend toute sa puissance : la lecture se transforme en fenêtre sur l'avenir. Voyez-la comme une bande-annonce possible du film de notre vie future. La bande-annonce vous plaît ? Très bien, votre jeu d'acteur est parfait, continuez comme cela, avec les mêmes certitudes et implications.

Le film ne vous plaît pas ? Il est trop sombre, trop triste ? Le casting est mauvais ? Alors libre à vous de changer le scénario, de faire bouger les lignes ! Devenez scénariste, metteur en scène, réalisateur ! Jouez et incarnez le meilleur rôle de votre vie ! Allez décrocher votre césar, le prix du public ou de votre propre reconnaissance.

Devenez acteur de votre vie !

Les guidances que vous réaliserez avec *Akasha* vous permettront de percevoir les zones de blocage, les pensées limitantes qui vous font prendre de mauvaises directions.

Akasha vous donnera la possibilité d'élaborer une stratégie gagnante, de confirmer, au fur et à mesure de votre évolution, qu'elle est toujours adaptée ou de comprendre qu'elle est à remanier.

Akasha vous permettra d'aller à la rencontre de vos vies antérieures.

Grâce aux planches de radiesthésie, vous pourrez découvrir des informations précises sur vos précédentes incarnations : étiez-vous un homme, une femme ? à quelle époque ? sur quel continent, dans quel pays ?

Quelles aptitudes aviez-vous alors à acquérir ? Quelles sont celles que vous avez acquises ou non ? Quels sont les peurs et les traumatismes qui vous ont accompagné dans cette ancienne vie et qui font encore écho dans cette vie actuelle ?

Cet éclairage fera sens, mettra des mots sur vos difficultés actuelles et vous permettra d'entamer un travail sur vous.

Grâce à *Akasha*, vous serez à même de définir les capacités à acquérir dans votre incarnation actuelle, d'identifier les pensées qui vous limitent et d'observer comment vos peurs perturbent votre vie.

Telle une boussole, l'oracle des mémoires akashiques vous oriente et vous sert de guide.

Doté d'une forte puissance divinatoire, *Akasha* vous donnera une visibilité précise sur votre avenir, selon le domaine que vous souhaitez aborder. Sa planche de radiesthésie de datation vous donnera des indications précieuses sur la temporalité (passée ou à venir) des actions décrites.

COMPOSITION DE L'ORACLE

LES LAMES

L'oracle contient 48 lames réparties en quatre axes :

- Les **potentialités** (l'Ouverture de cœur, le Lâcher-prise) ou les **freins** (le Syndrome du sauveur, l'Imposteur...) dans votre vie actuelle : ce sont des éléments qui ont été placés sur votre chemin de vie et avec lesquels vous devrez travailler tout au long de votre vie. Ils ont une dimension karmique.
- Les **variables** désignent les éléments qui se présentent sur le chemin fluctuant de la vie (le Combat, Entreprendre...). Ces variables viennent vous challenger, induisent du mouvement dans votre vie, engendrent des actions à mener pour dépasser une situation ou simplement progresser au mieux.

- Les **domaines** indiquent les domaines de la vie concernés par la lecture (le Professionnel, la Famille...).
- Les **états** qui éclairent votre essence.

Les illustrations

Chaque carte comporte une illustration représentant son thème ainsi qu'un végétal, porteur d'un message en lien avec la signification de la lame. L'illustration fait partie de la lecture, elle a pour but de faire monter votre intuition.

Les planches de radiesthésie

Vous trouverez également deux planches de radiesthésie qui vous permettront, à l'aide d'un pendule, de préciser pour chaque lecture :

- le lieu (continent et pays) et l'époque ;
- la date (jour/mois/année).

La première vous permettra de travailler sur l'époque et l'origine géographique d'une de vos incarnations antérieures. La deuxième vous permettra de dater une situation passée ou un évènement.

J'ai fait le choix de ne pas vous imposer de pendule à l'intérieur du coffret. En effet, certains d'entre vous en possèdent déjà un. Si tel n'est pas le cas et que vous souhaitez vous en procurer un, il est important de choisir en conscience celui qui vous attire afin qu'ensemble, vous parliez le même langage.

LE PENDULE ET L'UTILISATION DES PLANCHES DE RADIESTHÉSIE

COMMENT SE SERVIR D'UN PENDULE

Si vous n'êtes pas habitué à utiliser un pendule, voici quelques indications :

Bien tenir le pendule

- Le pendule doit être tenu par votre main directrice, à savoir la gauche pour les gauchers et la droite pour les droitiers.
- La corde du pendule doit être tenue entre le pouce et l'index de la main directrice.
- Quant à la longueur de la corde, elle doit approximativement correspondre à la taille de votre index.

Faire « un » avec votre pendule

- Tenez votre pendule à l'aide de votre main directrice comme évoqué plus haut et placez l'autre main en dessous de celui-ci, environ cinq centimètres plus bas, paume vers le haut.
- Balancez le pendule d'avant en arrière. Il va de lui-même opérer un mouvement rotatif.
- Il s'arrêtera, tournera dans l'autre sens et finira par s'immobiliser. Cela indique que l'opération est terminée.

Établir une convention avec votre pendule

Le pendule a quatre conventions ou quatre réponses possibles :

- Oui.
- Non.
- Je ne sais pas.
- Je ne souhaite pas répondre.

Comment déterminer les conventions de votre pendule ?

- Tenez votre pendule entre le pouce et l'index à l'aide de votre main directrice. Ne posez pas le coude sur la table, mais tenez-le légèrement décollé de votre buste et parallèle à la table.
- Balancez légèrement votre pendule d'avant en arrière et demandez-lui : « Pendule, donne-moi un OUI. »
- Faites de même pour les autres conventions.

Votre pendule est prêt !

Il existe d'autres méthodes pour initier son pendule, celle-ci n'est qu'une proposition.

Avant d'utiliser votre pendule

Mettez-vous en « mode alpha », autrement dit faites le vide dans votre esprit et placez votre intention au-dessus de votre tête, comme si votre crâne s'ouvrait et qu'un faisceau lumineux s'échappait de vous pour aller vers le haut : c'est ce que j'appelle SE GRANDIR.

Formulation des questions

Posez des questions fermées commençant par « est-ce que » et dont la réponse sera « oui » ou « non ».

LES DIFFÉRENTES MÉTHODES DE TIRAGE

Les lames ont un langage, elles racontent une histoire. Comme dans un livre, la lecture se fait de la gauche vers la droite. Vous pouvez faire une lecture de chaque lame, une à une, puis les relier entre elles.

Les méthodes de tirage que je vous transmets ci-dessous sont à considérer comme des guidances qui vous éclairent et non comme des injonctions. Je vous invite à les utiliser uniquement si elles font sens pour vous et à adopter votre propre méthodologie si elle s'impose à vous.

Il n'y a pas de règles figées, simplement celle de vous écouter ! Inventez vos méthodes si cela vous semble plus juste et si vous le ressentez.

J'invite également les débutants à noter leurs schémas de guidance ainsi que leurs interprétations sur un cahier. Au fur et à mesure des réalisations, vous pourrez ainsi observer vos interprétations et les corriger si nécessaire.

LE TIRAGE D'OUVERTURE

Je vous conseille fortement de réaliser un tirage d'ouverture avant chaque première consultation. Ce tirage va vous permettre d'analyser les points bloquants, les acquis, le devenir, l'état d'esprit de la personne qui consulte.

Comment procéder ?

Après avoir battu et coupé les cartes de la main gauche (ou droite, si vous le ressentez), disposez-les devant vous, faces retournées.

Tirez 13 lames et disposez-les comme indiqué sur le schéma.

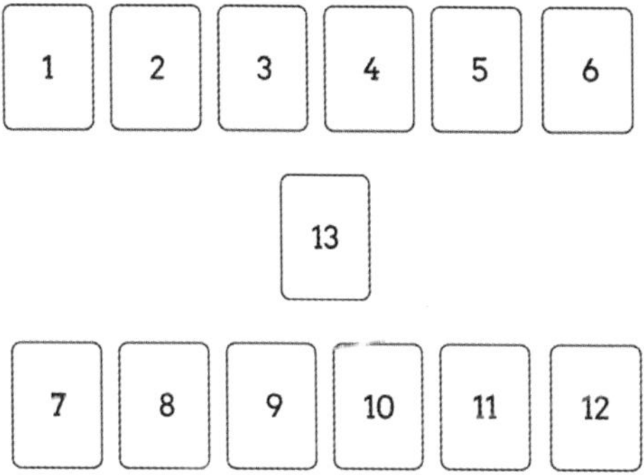

Les **6 lames du haut** représentent le passé, ce que vous avez besoin de connaître du consultant pour établir votre guidance.

La **lame du milieu** évoque l'état d'esprit de la personne qui consulte, ce qu'elle attend de cette consultation.

Les **6 lames du bas** parleront pour les deux premières du présent, les quatre suivantes de l'avenir.

Le tirage en 13 cartes vous permettra de définir les domaines que les Maîtres et Enseignants ou les guides souhaitent que vous exploriez.

LE TIRAGE EN 5 LAMES (OU TIRAGE EN CROIX)

Je recommande ce tirage en 5 lames si vous souhaitez avoir une réponse rapide sur une de vos interrogations.

Faites le vide dans votre esprit. Une fois prêt, pensez à votre question [sans anticiper de réponse].

L'exercice de la question est très important. Elle doit être claire, si possible fermée dans ce type de tirage [la réponse obtenue doit être « oui » ou « non »].

Il ne doit pas non plus y avoir deux questions en une. Par exemple : « Vais-je déménager à Nice ou Toulouse ? »

Ici, il conviendra de faire un tirage en posant la question pour Nice, puis un deuxième pour Toulouse.

Après avoir battu et coupé les cartes de la main gauche [ou droite, si vous le ressentez], disposez-les devant vous, faces retournées.

Tirez 5 lames et disposez-les comme indiqué sur le schéma ci-contre.

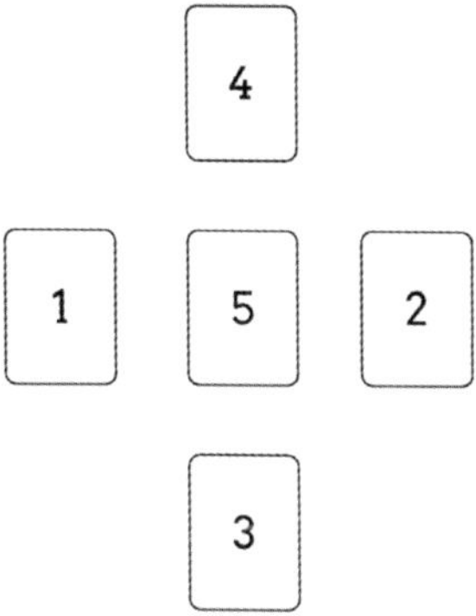

La **première lame** représente le temps présent. Elle va décrire la personne qui consulte ou décrire la situation présente. Dans le tirage en croix, cette lame est essentielle, elle apporte un éclairage objectif à la situation posée.

La **deuxième lame** représente les obstacles. Si la carte est positive, pas d'opposition ni d'obstacles majeurs. En revanche, si elle est négative, l'interprétation de celle-ci vous permettra d'élaborer une stratégie pour enrayer les points bloquants.

La **troisième lame** décrit les événements futurs, l'évolution. Si la carte est positive, votre façon d'agir est la bonne. Vous pouvez considérer cela comme une invitation à poursuivre votre vie comme vous la menez.

La **quatrième lame** : la réponse. Cette lame va être la résultante directe de la lame 3. Il convient de les relier dans votre guidance.

La **cinquième lame** : la synthèse. Cette lame vous ouvre une porte vers l'« après ».

LE TIRAGE EN 7 LAMES

Si vous voulez analyser l'évolution d'une situation, ce tirage est idéal.

Après avoir battu et coupé les cartes de la main gauche (ou droite, si vous le ressentez), disposez-les devant vous, faces retournées.

Tirez 7 cartes de l'oracle, que vous disposez comme indiqué sur le schéma suivant.

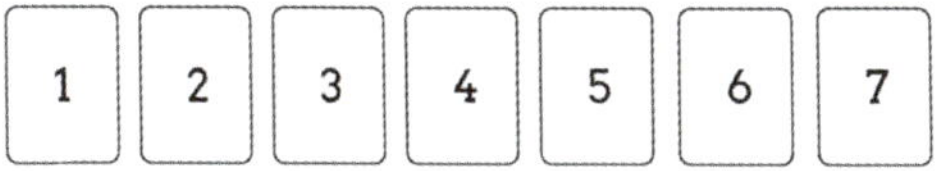

Les **deux premières cartes** représentent le présent, les **quatre suivantes** l'évolution de la situation, la **septième**, le résultat.

Voici quelques exemples de questions à poser pour ce type de tirage : « Comment va évoluer mon couple ? », « Quelle sera l'évolution de l'emploi que j'occupe actuellement ? »...

LE TIRAGE EN 9 LAMES

Ce tirage est à utiliser pour avoir une vue objective sur une situation donnée, les points à travailler et l'évolution à six mois.

Après avoir battu et coupé les cartes de la main gauche (ou droite, si vous le ressentez), disposez-les devant vous, faces retournées.

Tirez 9 cartes du jeu que vous disposez comme indiqué sur le schéma suivant.

Les lames se lisent de gauche à droite et de haut en bas.

La **première colonne** dresse une analyse objective de la situation.

Je trouve cette colonne intéressante, car elle permet d'avoir une vue objective d'une situation, non soumise aux ressentis du consultant.

La **colonne du milieu** vous indique les points bloquants, les potentialités à acquérir.

La **colonne de droite** vous donnera l'évolution à six mois.

Ce tirage peut être utile également pour étudier une probabilité : vous êtes en pleine recherche professionnelle et vous souhaitez déterminer si un poste que l'on vous propose est fait pour vous. Vous pouvez vous servir de ce tirage pour avoir une projection sur cet emploi.

Vous pouvez faire de même dans le cadre d'une rencontre, d'une formation ou sur un autre sujet qui vous intéresse afin d'adapter vos actions futures.

LA GUIDANCE DITE DE « L'ANALYSE PERSONNELLE »

Sortez du jeu la lame qui vous représente le plus, l'Énergie yin (carte 2) ou l'Énergie yang (carte 3).

Placez-la devant vous. Faites le vide dans votre esprit et posez la question suivante : « Quels sont les points bloquants ou pensées limitantes que je dois travailler ? »

Après avoir battu et coupé les cartes de la main gauche (ou droite, si vous le ressentez), disposez-les devant vous, faces retournées.

Tirez 7 lames que vous disposez comme indiqué sur le schéma ci-dessous.

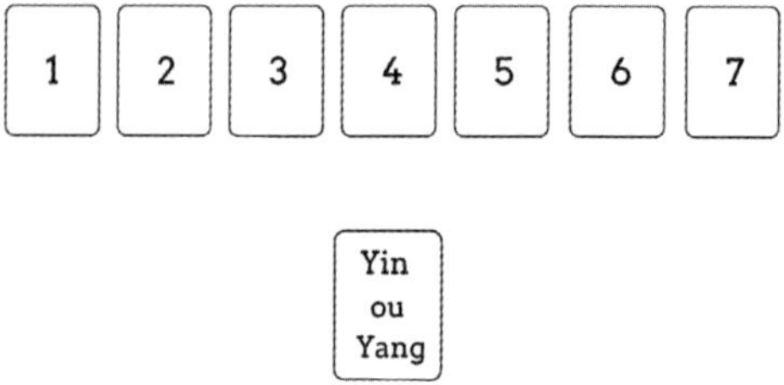

La lecture se fera de gauche à droite.

Vous pourrez ainsi découvrir les conseils des Maîtres et Enseignants.

Pour tous les types de guidance expliqués plus haut et ceux que vous créerez, vous pourrez utiliser les planches de radiesthésie si vous souhaitez avoir des précisions de lieu ou de date, par exemple.

LA GUIDANCE DES VIES ANTÉRIEURES

Vous vous sentez enlisé dans une situation, bloquez sur des peurs, des sensations et vous voulez en savoir plus ? Vous souhaitez vous libérer de ces entraves qui ne semblent pas être les vôtres ?

Vous avez au préalable demandé de l'aide à votre pendule si ces blocages sont liés à une vie antérieure et vous avez obtenu une réponse positive.

Voici le tirage que je préconise :

Pour réaliser cette guidance, il est souhaitable dans un premier temps d'utiliser les planches de radiesthésie.

Mettez-vous en mode alpha, faites le vide dans votre esprit. Pour cela, respirez profondément en fermant les yeux.

Imaginez que vous prenez votre souffle sous la terre en profondeur. Faites remonter ce souffle le long de vos jambes, votre buste, votre tête, puis au-delà de votre tête.

Répétez cela trois fois.

Cet exercice de respiration en conscience va vous permettre de chasser les pensées parasites.

Récitez la prière des akashas trois fois.

Vous pouvez poser la question suivante :

« Maîtres et Enseignants, montrez-moi la vie antérieure à l'origine de mon blocage. »

Munissez-vous de votre planche de radiesthésie LIEU ET ÉPOQUE qui comprend également une rubrique « catégorie », et définissez à l'aide de votre pendule qui vous étiez : femme, homme ?

Prenez la bonne posture et poursuivez :

« Sur quel continent se passe cette vie antérieure bloquante ? »

Le pendule va vous indiquer le continent concerné.

Munissez-vous de votre planche de radiesthésie DATE.

Prenez le pendule avec votre main directrice. Adoptez la posture détaillée ci-dessus. Grandissez-vous. Posez la question suivante :

« À quelle période se passe cette vie antérieure bloquante ? »

Le pendule va alors dater cette vie en vous indiquant la période concernée.

Une fois ces bases définies, vous pourrez effectuer un tirage de découverte à 13 lames pour travailler sur cette vie antérieure.

Ce tirage vous permettra de découvrir la vie de cette incarnation « bloquante » et les résonances dans votre vie actuelle.

Vous aurez ensuite tout le loisir de formuler des questions afin de comprendre cette personne et de révéler, par effet miroir, vos blocages et vos potentialités !

LA SIGNIFICATION DES LAMES

Chaque lame est accompagnée d'un végétal symbolisant la signification de celle-ci. Pour chacune des cartes, vous trouverez une interprétation issue de mes canalisations auprès des Maîtres et Enseignants.

Ces interprétations sont une base, un point de départ. À vous de créer votre propre interprétation selon votre intuition.

Les lames de l'*Akasha* regorgent de petits détails qui ont des symboliques fortes et expriment des informations, des langages divers.

La même série de lames aura des résonances différentes selon le lecteur.

Les lectures, les interprétations peuvent être différentes d'une personne à l'autre ; pour autant, ces lectures seront sans doute toutes vraies et parlantes.

Faites-vous confiance, laissez vos guides, les Maîtres et Enseignants, vous souffler leurs messages !

J'ai pris le parti de coloriser une partie seulement des lames et de laisser le reste en noir et blanc. Mon objectif est de vous démontrer que chacun d'entre nous peut écrire son histoire, colorer sa partition.

TOUT N'EST PAS ÉCRIT

1

LE KARMA

VÉGÉTAL

Le camélia

Cette lame exprime le passage obligatoire. Elle indique au consultant que l'événement décrit par le tirage est une étape que celui-ci doit vivre. Elle est nécessaire et prévue avant l'incarnation du guidé pour lui permettre de travailler un point précis, gagner en compétences.

À vous de comprendre au travers du tirage ce que la situation décrite va lui permettre de travailler.

Le camélia porte le message suivant :
« Mon dessin est entre vos mains. »
Cette fleur parle de destinée.

2

L'ÉNERGIE YIN

VÉGÉTAL

L'hibiscus

Cette lame exprime le côté féminin présent en chacun d'entre nous. Elle peut représenter :

La femme, la consultante, la conjointe, l'amie ou une personne féminine qui intervient dans l'action exprimée par le tirage.

Sur un plan plus spirituel, elle représente l'intériorité, la nébuleuse, la réflexion, la prise de recul, la douceur, la poésie, l'inaction, la discrétion, la maîtrise des sentiments, le retrait.

Elle peut aussi représenter l'ensemble des actions qui partent de l'extérieur vers notre centre intérieur, l'ensemble des actions qui nourrissent notre âme.

L'hibiscus symbolise la pureté et la féminité.

3

L'ÉNERGIE YANG

VÉGÉTAL

L'arum

Cette lame symbolise le côté masculin présent en chacun d'entre nous.

Elle peut désigner l'homme, le consultant, le conjoint, l'ami ou une personne masculine intervenant dans l'action exprimée par le tirage.

Cette lame représente l'action, l'engouement, le déploiement, l'ouverture aux autres, l'agitation.

Elle peut aussi représenter l'ensemble des actions qui partent de votre centre vers l'extérieur.

L'arum évoque la masculinité.

4e

L'ANCRAGE

VÉGÉTAL

L'aulne

Dans une passe (tirage) négative, cette lame symbolise le manque d'ancrage. Elle invite le consultant à se mettre en lien avec la terre.

Elle indique que celui-ci survole ses émotions, sa vie. Il demeure dans l'incapacité de prendre des décisions en conscience. Il n'est pas dans le moment présent.

Dans un tirage positif, elle montrera une lucidité, une capacité de discernement, une connexion à la terre, à l'instant présent.

Elle peut parler d'une situation stable, non superficielle, pérenne.

Les racines de l'aulne symbolisent l'ancrage, son important système racinaire stabilise les berges et les sols.

5
LES SENTIMENTS EXACERBÉS

VÉGÉTAL

La rose rouge

L'émotion ici prend le contrôle de la vie du consultant, la jalousie ou la colère le guident et le poussent à commettre des actes irréfléchis. Ces émotions destructrices sont représentées par le tourbillon qui enserre l'homme.

Cette lame fait référence également à toute substance addictive qui modifie notre caractère ou crée un besoin et un manque physique.

Selon le tirage, cette carte peut indiquer que le consultant est victime de ces énergies négatives.

Elle l'invite à prendre du recul, de la distance et à être plus léger.

La rose rouge symbolise la passion.

6
L'ASSOCIATION

VÉGÉTAL

La fleur d'immortelle à bractées

Cette lame fait référence à une union. Selon le thème abordé, elle renverra à une association professionnelle, une union amoureuse, un partenariat.

L'Association invite à ne pas s'isoler, mais à créer des liens, des contacts pour avancer.

En fonction des autres lames, elle va parler d'une association positive ou négative.

L'immortelle à bractées symbolise l'union.

7

LE MONDE SUBTIL

VÉGÉTAL

Le lotus

Cette lame parle des anges, guides, archanges et de l'ensemble du monde spirituel. Selon son positionnement et le thème abordé, elle fera référence à un éveil spirituel, à une aide providentielle, à des synchronicités.

Associée au Passage, cette lame annoncera un éveil spirituel.

Le lotus symbolise l'éveil spirituel.

8

LE LÂCHER-PRISE

VÉGÉTAL

La feuille de chêne

Le lâcher-prise renvoie à l'acceptation. Forts de cette acquisition, nous admettons que nous ne sommes pas responsables de toutes les réussites ou de tous les échecs.

Chacun a des choses à vivre, des leçons à comprendre, et les échecs permettent d'apprendre autant, voire plus que les victoires.

Associée par exemple avec le Combat, cette lame vous invite à ne pas porter attention aux attaques que vous subissez ou à celles que vous émettez.

Associée à une lame positive, elle vous indique de mettre moins d'énergie ou signale que les éléments tourneront en votre faveur.

La feuille de chêne symbolise l'incapacité à déléguer, la difficulté à lâcher prise.

G

LE COMBAT

VÉGÉTAL

Le beaucarnéa

Victime ou acteur de votre vie ?
On parle ici d'énergie d'attaque, d'agression, d'offensivité, de défense, de protection de ses intérêts.

Cette carte peut vous inviter à arrêter de procrastiner.

Le beaucarnéa symbolise la persévérance, la force.

10

L'IMPOSTEUR

VÉGÉTAL

L'hélianthe

Ici, le consultant pourra être imposteur ou victime d'un imposteur en fonction du tirage.

Le mot « imposteur » évoque une posture que l'on prend et qui n'est pas fidèle à la réalité.

L'Imposteur indique que la personne considère ne pas être à sa place, elle se sent inférieure et se sent obligée de faire plus que nécessaire pour justifier de sa présence.

Dans un tirage négatif, cette lame parlera d'une personne qui n'est pas ce qu'elle dit être.

L'hélianthe symbolise les apparences trompeuses.

11

LE FOYER

VÉGÉTAL

Le tilleul

Cette lame parlera selon le tirage d'installation du couple, mais aussi de refuge, de pérennité, de socle, de position à tenir, de place forte, de stabilisation.

Associée à la lame du Mouvement, par exemple, il sera question d'un déménagement, de projets immobiliers.

Associée à l'Amour, il sera question d'une relation stable, d'une installation commune.

Le tilleul symbolise la protection.

12

LE PROFESSIONNEL

VÉGÉTAL

Le muguet

Cette lame fait référence au domaine professionnel ou aux loisirs.

Selon la distribution des cartes, elle pourra traduire davantage la notion d'entreprendre, de passer à l'action, de s'investir, de bâtir à long terme, de création de structure, de se mettre à son compte, d'encadrer.

À l'origine un porte-bonheur symbolisant l'amour, le muguet est traditionnellement offert le 1er mai, jour de la fête du Travail.

13

ENTREPRENDRE

VÉGÉTAL

La jonquille

Elle parle du futur, des réalisations professionnelles ou personnelles à venir, des envies que nous avons, des naissances, des créations, des nouveautés...

C'est une lame orientée vers l'avenir, elle vous pousse à regarder devant.

La jonquille symbolise un nouveau départ.

14e

LE SYNDROME DU SAUVEUR

VÉGÉTAL

Le chèvrefeuille

Ici, le consultant se noie dans son empathie, à son propre détriment.

En fonction de la passe, vous pourrez voir quelles en sont les conséquences ou comment travailler sur ce point.

Associée à la Réalisation de soi par exemple, cette lame indiquera que le consultant est victime de ce syndrome, car il ne s'estime pas assez : en aidant l'autre, il cherche de la reconnaissance.

Le chèvrefeuille symbolise la dévotion.

15

L'OUVERTURE DU CŒUR

VÉGÉTAL

La rose campion

Ici, il est nécessaire de ne pas garder pour soi ses ressentis, ses émotions.

Associée à la lame du Réseau, cette carte indique que vous vous protégez trop de l'autre, vous êtes en retrait. Exprimer vos humeurs, vos envies, vos besoins vous permettrait, contrairement à ce que vous pensez, d'être davantage dans le partage.

Ouvrir son cœur, c'est se faire confiance, ne pas avoir peur de se dévoiler.

La rose campion symbolise l'amour. Elle porte le message suivant: «Tu mérites mon amour.»

16

LE BILAN

VÉGÉTAL

Le clianthus

Dans une guidance professionnelle, cette lame évoque l'idée de faire le point sur ses compétences, de prendre du recul sur ses besoins, envies.

Elle est souvent annonciatrice de changements, de formation, selon les lames associées.

Cette lame invite au travail sur soi.

Dans le cadre du développement personnel, affectif ou autre domaine, elle vous invite à vous interroger sur vos souhaits de façon objective.

Loin d'être passive, cette lame est une incitation aux changements et aux ajustements nécessaires.

Le clianthus symbolise la recherche de soi.

17

DÉPASSER SES PEURS

VÉGÉTAL

Le thym

La peur est un sentiment parasite qui nous empêche bien souvent d'agir, nous met face à nos limites et nous pousse dans nos retranchements.

Elle nous paralyse.

Cette lame vous invite à considérer la peur non pas comme un frein, mais plutôt comme un moteur, un signal qui vous permettra de vous dépasser.

Le thym symbolise le courage.

18

LA DÉPENDANCE

VÉGÉTAL

La chicorée sauvage

Elle parle d'une personne ayant des difficultés à être autonomme, à agir selon ses désirs.

L'autre, l'amour, l'alcool, l'alimentation ou notre rythme de vie prennent trop de place et nous empêchent de nous réaliser pour nous-mêmes.

En fonction du tirage, vous allez pouvoir déterminer le message exact et les conseils des Maîtres et Enseignants.

La chicorée sauvage donne du courage pour affronter avec efficacité les obstacles.

19

LA CONFIANCE EN SOI

VÉGÉTAL

Le bouton de citronnier

Cette lame vous invite à croire en votre potentiel, en vos capacités, en votre toute-puissance.

Associée à la Réalisation de soi, les Maîtres et Enseignants vous notifient qu'il est temps de croire en vous pour enfin vous réaliser.

En ayurvéda, le citronnier accroît la confiance en soi.

20

LA PERTE

VÉGÉTAL

Le lilas

Cette lame traduit l'absence, le manque, le vol, l'oubli.

En fonction de sa position et de celle des lames qui l'entourent, vous trouverez la signification exacte de cette lame.

Associée à la Confiance en soi, elle renforcera le fait que le consultant ne croie pas en lui.

Associé à l'Énergie yang et à l'Amour, cela indiquera une possible rupture.

Associée à l'Abondance, elle traduira un manque de profit ou une perte financière.

Le lilas symbolise le nouveau départ.

21

LA RÉUSSITE

VÉGÉTAL

Le camélia blanc

Cette lame, à l'inverse de celle de la Perte, symbolise le gain, le succès, le triomphe.

Associée à la lame du Karma, cette carte traduira que votre incarnation est placée sous de bons auspices.

Les feuilles de camélia blanc symbolisent la chance.

22

LA TRAHISON

VÉGÉTAL

Le laurier des montagnes

Cette lame pointe les blessures, les coups que l'on vous porte intentionnellement ou non, tout ce qui vous transperce le cœur comme un poignard.

La trahison repose souvent sur un mécanisme qui consiste à trop investir l'autre, à lui faire porter une charge qu'il n'a pas la capacité de prendre sur ses épaules.

L'univers, par l'intermédiaire d'une trahison, nous montre que l'on doit investir plus souvent sur nous-mêmes, car nous sommes les maîtres de notre jeu.

Le laurier des montagnes est un magnifique arbuste doté de très belles fleurs. S'il semble attirant, il est en réalité extrêmement toxique, jusque dans son miel.

23

LA PERSÉVÉRANCE

VÉGÉTAL

L'anémone

Indique des turbulences à venir. Plongé dans la tempête, le bateau affronte une mer déchaînée.

Cette lame parle des difficultés de la vie, des embûches imprévues qui vous font prendre une autre orientation, un autre chemin.

Le soleil amène une dimension positive à cette lame et vous adresse le message suivant : « Accrochez-vous ! »

Accompagnée d'une lame positive, elle vous encourage à poursuivre le chemin que vous empruntez : il est prometteur et nécessaire.

Accompagnée de lames négatives, elle vous invite à revoir votre plan. Il se pourrait que vous vous compliquiez la vie ou que vous alliez au-devant de problèmes.

L'anémone symbolise la confiance et la persévérance.

24e

L'INJUSTICE

VÉGÉTAL

Le rudbeckia

Cette lame indique que vous êtes l'auteur ou la victime d'une injustice.

Sur un autre plan, elle peut évoquer un manque de discernement dans l'analyse d'une situation.

Le rudbeckia symbolise la justice, l'équilibre.

25

L'AMOUR

VÉGÉTAL

Le jasmin

Cette lame fait référence au domaine amoureux, mais aussi à la bienveillance que l'on a en nous, l'estime de l'autre, l'estime de soi.

Elle peut traduire le besoin d'être aimé.

Accompagnée de la lame du Réseau, elle va manifester la bienveillance ou un besoin d'aimer.

Accompagnée de la carte du Styx, elle va parler d'une relation qui mène à un échec ou d'un amour à sens unique.

Le jasmin rouge symbolise l'amour.

26
LA FAMILLE

VÉGÉTAL

La verveine

Cette lame parle de la famille du consultant. Associée à la lame du Professionnel, elle pourra susciter l'envie de travailler dans une bonne ambiance.

Elle peut également représenter la famille d'âme qui vient vous guider dans votre vie.

La verveine symbolise l'union familiale.

27

L'ABONDANCE

VÉGÉTAL

Le dahlia

Cette lame exprime la multiplicité, une rentrée d'argent, un choix payant, une chance, des cadeaux de la vie, des récompenses, une amélioration notable. Elle induit, dans la plupart des cas, un aspect joyeux et positif.

Accompagnée de cartes négatives, elle fera référence à une multiplicité néfaste.

De par la multiplicité de ses pétales, le dahlia évoque l'abondance.

28

LA SANTÉ

VÉGÉTAL

Le camphrier

Cette lame peut faire référence aux maux qui nous atteignent, aux pensées noires que nous ressassons. Ces pensées sont représentées sur cette lame par un nuage sombre tout autour de la jeune femme. Si rien n'est fait, il risque d'atteindre moralement ou physiquement la personne.

Accompagnée de lames positives, cette dernière est de bon augure.

Elle pointe aussi des éléments du passé non travaillés (pensées limitantes, peurs, traumatismes) que nous portons en nous et qui nous empêchent de nous révéler tels que nous sommes vraiment, et de nous sentir légers.

Le camphrier symbolise la santé.

29

LE MOUVEMENT

VÉGÉTAL

Le ceibo

Cette lame évoque un déplacement géographique, une mutation, un changement sur le plan du développement personnel. Accompagnée par le Styx, elle vous invite à revoir votre position, à sortir de votre zone de confort, à bouger vos limites.

Elle vous suggère d'initier le mouvement pour devenir acteur de votre vie.

Le ceibo symbolise l'invitation au voyage.

30

L'ABANDON

VÉGÉTAL

Le saule pleureur

Ce syndrome est souvent lié à une rupture réelle ou mal comprise pendant l'enfance ou plus tard. Il peut aussi renvoyer à un traumatisme hérité d'une vie antérieure.

Le sentiment d'abandon entraîne une peur irrationnelle d'insécurité qui nous empêche d'être libres dans nos actes.

En fonction de son association ou de la question posée, vous pourrez déterminer si ce syndrome a pour origine votre vie actuelle ou une de vos vies antérieures et si elle engendre des répercussions.

Sur un autre plan, associée au Foyer par exemple, cette lame peut traduire une peur de perdre son logement ou la perte réelle de son logement.

Associée à la Réalisation de soi, cette lame indique que vous avez sans doute renoncé à vous prioriser.

Le saule pleureur symbolise l'abandon, la mélancolie.

31

LE JUGEMENT

VÉGÉTAL

Le châtaignier

Il s'agira de tous les actes administratifs, des procédures ou d'éventuelles amendes.

Il sera également question ici de rendre des comptes, il peut s'agir d'opposition avec un tiers qui vous demandera des explications sur votre attitude passée.

Cette lame induit la notion de bilan. À voir, selon le placement du jeu, quelle tournure prend cette lame.

Le châtaignier symbolise la justice. Elle transmet le message suivant : « Faites-moi justice. »

32

L'ÉQUILIBRE

VÉGÉTAL

L'olivier

Cette lame symbolise la paix intérieure, l'harmonie. Elle vous invite, si nécessaire, à apaiser les tensions, à aligner votre cœur et votre mental, à ne pas vous éparpiller.

Dans le cadre du développement personnel, cette lame vous demande d'être objectif sur vous, votre potentiel, vos capacités, vos actes. Il s'agit de ne pas vous surestimer ni de vous dévaloriser. Trouvez le juste équilibre.

L'olivier symbolise la paix.

33

LE RÉSEAU

VÉGÉTAL

Le lierre

Renvoie à l'ensemble de nos connaissances, à la communication, au réseau professionnel ou aux rencontres par le biais d'un cercle de connaissances. Accompagnée de cartes positives, elle fera référence à la renommée. On parle ici de tisser sa toile. Accompagnée de cartes négatives, cette lame peut faire référence à la rumeur.

Les bois de l'animal évoquent les racines, l'ancrage, le besoin d'étendre son assise dans le domaine professionnel, de multiplier les plans d'action. Les ramifications indiquent l'enracinement. Accompagnée de la lame de l'Abondance, elle indiquera la multiplicité des rentrées d'argent. En l'inversant, cette lame fait penser aux racines et au fait de s'imposer en profondeur.

De par ses rameaux grimpants qui se diffusent, s'accrochent, et se nourrissent par son sytème racinaire, le lierre évoque le réseau.

34e

LE REJET

VÉGÉTAL

L'œillet jaune

La blessure de rejet est une blessure émotionnelle. Elle correspond au fait de se sentir repoussé ou dénigré, que ce soit dans sa vie amoureuse, familiale, amicale ou professionnelle.

Cette blessure peut trouver son origine dans des actes réels. Elle peut aussi provenir du positionnement du consultant qui, dans le cadre d'une victimisation inconsciente, va alimenter tout acte qui pourrait nourrir cette blessure.

Sur un autre plan, cette lame renvoie à la notion d'incompréhension ou de refus d'un projet, d'une idée. N'hésitez pas à demander aux Maîtres et Enseignants de vous montrer comment travailler sur cette blessure ou comment elle affecte votre vie. Pour cela, je choisirai plutôt le tirage en 7 lames.

L'œillet jaune symbolise le rejet.

35

LES DIFFICULTÉS

VÉGÉTAL

La bugrane

Cette lame fait référence aux bâtons dans les roues, aux difficultés qui entravent la bonne réalisation de nos projets, souhaits, ou de notre incarnation.

Sur ce dessin, les difficultés sont représentées par le buisson de bugrane qui empêche le personnage d'avancer.

Observez le bâton de cet homme, symbole de sa capacité à agir. Le personnage peut rester derrière le buisson ou choisir de se servir de son bâton pour se frayer un chemin, avancer et dépasser les difficultés !

La bugrane symbolise les obstacles.

36

LE STYX

VÉGÉTAL

Le cyprès

Dans la mythologie grecque, le Styx représente un des fleuves des Enfers. Cette lame vous alerte : il faut faire demi-tour. Les décisions, la voie empruntée ne sont pas les bonnes.

Contrairement à la lame 35 [celle des Difficultés, qui indique une entrave non définitive], la lame du Styx souffle l'idée d'un échec définitif.

En fonction des autres lames tirées, l'oracle vous indiquera s'il convient de changer de plan ou de tout arrêter.

Le cyprès symbolise le deuil.

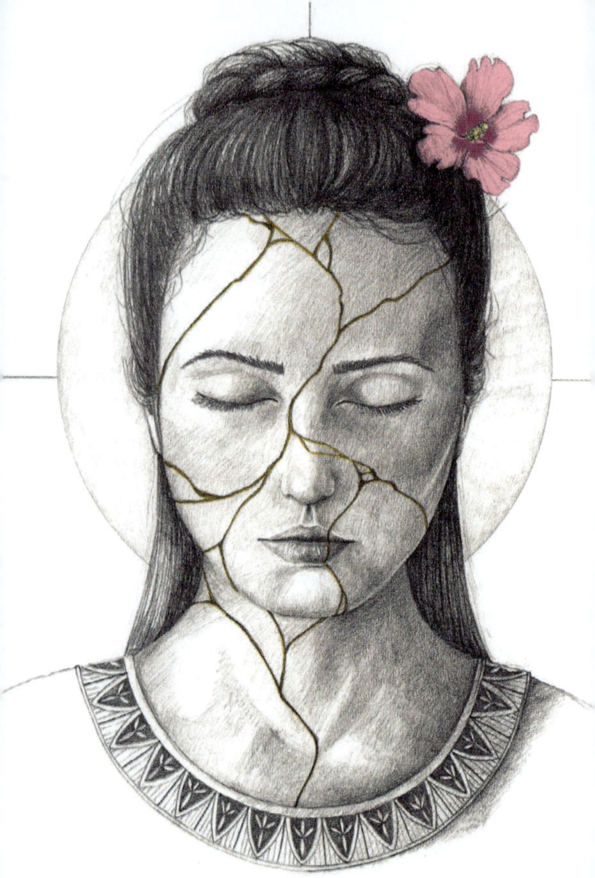

37

LA RÉSILIENCE

VÉGÉTAL

La fleur d'immortelle

Indique la faculté de renaître de ses cendres, de se relever et d'avancer malgré les difficultés.

En fonction de la place de cette carte dans votre tirage, vous pourrez déterminer si on parle ici de potentialités à acquérir ou si c'est un message annonciateur d'une attitude à adopter.

Associée à la lame du Karma, par exemple, il sera question d'aptitude à acquérir dans cette vie ou d'une vie antérieure selon l'étude faite.

Associée au Styx et à la Réussite, il sera question d'un échec dont vous vous relèverez.

La fleur d'immortelle symbolise la capacité d'adaptation et la longévité.

38

LES SYNCHRONICITÉS

VÉGÉTAL

L'iris bleu

Désigne l'ensemble des signes du monde subtil : messages, mails, appels, propositions, provocations, heures miroirs et chiffres symboliques, coïncidences, hasards...

Elle vous invite à être attentif et opportuniste ! Soyez observateur !

L'iris bleu symbolise un message à transmettre à quelqu'un. Sur un plan spirituel, il symbolise les messages de nos guides.

39

LE PASSAGE

VÉGÉTAL

Le yucca

Cette carte évoque l'idée d'une transition, d'une porte que l'on peut ouvrir ou non : une proposition, une opportunité, une étape transitoire dans notre vie...

En fonction du reste du tirage, le passage annonce une période difficile ou au contraire bénéfique. Accompagnée de la lame du Monde subtil, cette carte annonce un éveil spirituel.

Le yucca symbolise la transmutation.

40

LA RÉALISATION DE SOI

VÉGÉTAL

La serpentaire

Ne vous sacrifiez pas pour l'autre, ne vous sabotez pas ! Faites-vous passer au premier plan : vous êtes votre priorité.

C'est en substance ce que cette lame vous indique.

La serpentaire symbolise la puissance intérieure.

41

LE MENSONGE

VÉGÉTAL

La vipérine

Cette carte fait référence à des paroles tronquées sciemment ou non, à des promesses non tenues.

Sur un autre plan, cette lame fait référence à notre manque de lucidité, à nos promesses non tenues vis-à-vis de nous-mêmes, mais également vis-à-vis des autres.

La vipérine symbolise le mensonge.

42

LE PARDON

VÉGÉTAL

La jacinthe violette

Cette lame peut vous inviter à vous délester de votre colère, votre haine, vos regrets et de tous les éléments du passé qui vous empêchent d'avancer et de pardonner à l'autre, à la vie, à la société.

Cet acte doit venir du cœur et ne pas être imposé.

Pardonner ne veut pas dire oublier. Le pardon permet d'acter en conscience la fin de la douleur, du traumatisme et l'ouverture vers l'avenir.

« Ce qui s'est passé ne me fait plus mal dorénavant, cela n'a plus d'emprise sur moi, mon regard se porte sur l'avenir. »

Observez le reste des lames pour définir dans quel domaine cette demande vous est proposée. Questionnez les Maîtres et Enseignants pour obtenir davantage de réponses si nécessaire.

La jacinthe violette symbolise la phrase suivante : « Pardonnez-moi. »

45

L'ACCEPTATION DU BONHEUR

VÉGÉTAL

La centaurée

Oui, vous avez le droit d'être heureux ! Non, vous n'avez pas besoin de vous saborder.

Oui, vous devez prendre le temps de savourer vos réussites !

La centaurée représente le bonheur, la félicité.

43

LA CULPABILITÉ

VÉGÉTAL

L'asphodèle

Cette lame est tournée vers le passé, elle traduit les entraves qui vous empêchent de lever la tête et d'avancer.

Si cette carte est combinée à la Réalisation de soi, l'oracle vous indique que vous culpabilisez d'exister, de vous révéler.

Combinée à la lame de la Trahison, cette carte évoque un regret lié à une action commise.

L'asphodèle symbolise les regrets au-delà de la tombe.

44e

LE CERCLE

VÉGÉTAL

La rose rouge et la rose blanche

Le cercle introduit l'idée de se perdre, de tourner en rond, de subir les éléments sans prendre du recul.

Cette lame est le contraire de l'alignement entre notre cœur et notre mental. Lorsque nous manquons de discernement, nous nous laissons influencer et envahir par nos émotions. Nous avons l'impression qu'aucune action n'est possible.

Dans un tirage positif, elle induit l'élaboration d'un projet à venir, d'une prise de recul pour mûrir davantage les idées à mettre en œuvre. Accompagnée des lames de la Famille ou de celle d'Entreprendre, elle peut aussi indiquer une grossesse.

La rose rouge associée à la rose blanche symbolise l'unité.

46

LA PRISE DE RESPONSABILITÉS

VÉGÉTAL

L'iris blanc

Cette lame évoque votre capacité à vous exposer aux risques, à agir, à prendre des décisions.

Associée à une lame négative, elle peut évoquer votre tendance à reporter sur l'autre – l'institution, l'environnement ou le hasard – vos échecs et vos réussites. Or, vous êtes l'acteur de votre vie, de sa cocréation.

Investissez votre incarnation !

L'iris blanc symbolise l'engagement.

47

LE DOUTE

VÉGÉTAL

Le cyclamen

Carte de ralentissement par excellence, le Cyclamen éclaire un combat entre le cœur et le mental. Il semble que vous ne soyez pas assez à l'écoute de vos souhaits, de votre cœur ou de ce qui est bon pour vous.

Accompagnée de la Santé, cette carte traduit un doute qui atteint votre mental. Avec la lame de l'Injustice, par exemple, le doute n'est pas justifié ou légitime.

Le cyclamen symbolise l'espoir timide, les actes non engagés, l'entre-deux.

48

LA BIENVEILLANCE

VÉGÉTAL

L'arbre aux anémones

Cette lame parle de votre capacité à vouloir le meilleur pour votre prochain, sans contrepartie. Elle traduit l'ouverture de cœur.

Associée à la lame de la Perte, cette carte indiquera au consultant que celui-ci s'est renfermé. Les Maîtres et Enseignants lui indiquent que c'est un point à travailler.

Combinée à l'Imposteur ou au Mensonge, la signification de cette lame est plutôt celle d'une bienveillance trompeuse ou forcée.

L'arbre aux anémones évoque
la protection contre le mal.

pca
cmb
édition pré-presse
livres numériques

44400 Rezé